오름 시인선 ·16

凡夫의 노래

오름시인선 · 16

凡夫의 노래

펴낸날 _ 2012년 10월 28일
지은이 _ 이규복
펴낸곳 _ 기획출판 오름
등록번호 _ 동구 제 364-1999-000006호
등록일자 _ 1999년 2월 25일
주소 _ 대전광역시 동구 삼성1동 122-2
전화 _ 042.637.1486
팩스 _ 042.637.1288
E-mail _ orumplus@hanmail.net

ISBN _ 978-89-90151-81-0

값 8,000원

凡夫의 노래

| 이규복 시집 |

Orum Edition

시인의 말

나는 나그네가 되어 우리나라의 명산대천을 비롯해서 명승지 사적지를 두루두루 찾아봤다.

국보문화재와 보물 천연기념물도 찾아봤고 민속촌으로 지정된 10곳도 찾아봤다. 우리나라의 여행가들이 모여서 선정했다는 절 10곳도 찾아봤다. 온천도 찾았고 해수욕장도 찾았다.

한 마리 새가 되어 날아올라 정동진에 떠오르는 아침 해도 맞이했다. 유명한 섬들도 찾아봤고, 이것이 나의 바다길 여행이었다.

나는 국내여행으로 끝내지 않고 세계일주 여행도 했다. 세계일주 여행을 하고서 『지구촌 발길 따라 그리움 놓고』란 시집도 발행했다. 이렇게 여행을 하면서 시를 쓰고 또 썼다.

잘 쓴 시가 아니라서 자랑할 것이 못되지만 시집으로 5권을 냈고 이 시집 『凡夫의 노래』가 여섯 번째 시집이다. 늦게나마 시를 쓰게 되어 행복한 것이다.

나는 시를 쓰면서 소일하고 있으며 내가 시상을 하는 동안은 치매를 모르고 지낼 수가 있다. 시를 잘 쓰고 잘 못 쓰는 것은 문제 삼지 않기로 했다. 시상을 하면서 문학을 잦고 철학을 얻고 내가 나를 발견하고 있어 그것이 더 즐겁게 때문이다. 나는 지금 이 시로 해서 건강을 지키고 있는 것이다. 의사는 나에게 말했다. 하루에 30분씩은 걸어야 한다고.

몸이야 늙어가지만 정신까지 늙게 할 수는 없다. 하루에 30분씩 걷고 하루에 시 한 줄씩 또 써볼까 한다.

이 시집 『凡夫의 노래』를 해설해주신 김용재 교수님 고맙습니다. 이 시집을 출판해주신 오름 출판사 김태웅 사장님 감사합니다. 더욱 발전이 있으시기를 기원합니다.

2012년 10월　高松 이규복

■ 차례

제1부 - 거벌모라

강원도(1) - 도약하는 강원도 · 12
강원도(2) - 강원도의 맛 · 13
강원도(3) - 강원도는 산 · 14
강원도(4) - 봉평의 메밀꽃 · 15
강원도(5) - 삼척골 · 16
강원도(6) - 영월 · 17
강원도(7) - 홍천강 · 18
강원도(8) - 대관령 · 19
강원도(9) - 춘천 · 20
강원도(10) - 한강의 시원 · 21
강원도(11) - 동강의 물굽이 · 22
강원도(12) - 정선아리랑 · 23
강원도(13) - 어화(漁火) · 24
강원도(14) - 경포 · 25
강원도(15) - 신라 향가(鄕歌) · 26
피안의 유토피아 · 27
묵게나루 · 28
두메산골 · 29
안녕 · 30
금강 · 31
거벌모라 · 32
편지 · 33
달구경 · 34
울 · 35
연극 · 36
청려장(青藜杖) · 37
나의 하루 · 38

제2부 - 나는 바다에 서 있었네요

초대합니다 · 40

정월 대보름 · 41

홍수 · 42

바다 · 43

나는 바다에 서 있었네요 · 44

바람이 부네요 · 45

예술 · 46

8.15 해방은 감격이었네 · 47

잠실벌 · 48

이대로 · 49

약속 · 50

맞바람 · 51

가을비 · 52

시계바늘 · 53

한촌(閑村)의 겨울밤 · 54

풀뿌리 민주주의 · 55

사랑 · 56

순리 · 57

지구는 둥글더라 · 58

한글 · 59

개(犬) · 60

풍각쟁이 · 61

순이 생각 · 62

고산병 · 63

보리고개 · 64

비단구름 · 65

햇병아리 · 66

제3부 - 논산 아리랑

하늘을 나는 저 솔개여 · 68
더불어 산다 · 69
황산나루 · 70
품앗이 · 71
산수일기(山水日記) · 72
토네이도 · 73
백마강 에레지 · 74
청개구리 · 75
산넘어 남촌 · 76
서울 가는 길 · 77
논산 아리랑 · 78
나는 간다 · 79
들국화 · 80
순이의 미소 · 81
사발통문(沙鉢通文) · 82
동포 · 83
상생(相生) · 84
망원경 · 85
쌍그네 · 86
목장의 밤 · 87
물 · 88
불 · 89
한성 백제 · 90
산책 · 91
말 · 92
비밀 · 93
동방의 등불 · 94

제4부 - 산장의 밤

에누리 · 96

시집살이 · 97

보부상의 후예들 · 98

우리나라 · 99

장인(匠人) · 100

재인(材人) · 101

산장의 밤 · 102

내고향 · 103

강경의 봄 · 104

凡夫의 노래 · 105

자유 · 106

농사 · 107

태양빛 · 108

나 · 109

자연 · 110

어부의 노래 · 111

행복 · 112

어머니 마음 · 113

5월의 장미 · 114

시간 · 115

명품 · 116

대장의 꿈 · 117

바둑 · 118

이어도 · 119

신문고(申聞鼓) · 120

평설 | 새의 날개 되어 찾은 시쓰기의 행복 | 김용재 · 122

제1부

거벌모라

강원도(1)
– 도약하는 강원도

강원도 암하노불(岩下老佛)
옛 말이 되었네요
명승지 관광지로
탈바꿈 했네요.

여름에는 해수욕
겨울에는 스키장
우리나라 레저의
중심지가 됐어요

2018년 동계올림픽은
평창에서 열지요
도약의 땅 메카로 떠올랐지요.

강원도 (2)
– 강원도의 맛

강원도에서 먹어보는
산해 나물 비빔밥
참 맛있습니다.

옥수수에 감자떡
메밀국수 칡국수
별미입니다.

냇가로 나가서
쏘가리 잡고
메기도 잡고
매운탕을 끓이면
이것이 천렵
강원도의 맛은
바로 이것입니다.

강원도(3)
– 강원도는 산

평화의 댐에서 출발을 했습니다.
비목 언덕길을 달렸습니다.
강원도는 산산 모두가 푸르른데
파로호가 저 아래로 하얗습니다.
내린천을 따라가는 36번 국도
띄엄띄엄 산골마을 지나 갑니다.
해가 지고 어두어서 더는 갈 수 없다고
민박집 찾아들어 하루밤 쉬었네요
우리가 가는 길은 운두령을 넘는 길
태산준령이 바로 여기었네요
속사로 내려가니 봉평이 코 앞이라
메밀국수 한 그릇씩 먹고 가자 하데요.

강원도(4)
– 봉평의 메밀꽃

태기산을 넘어서는
소달구지야
봉평까지 가는데
얼마나 남았느냐

지금 봉평에는
메밀꽃이 한창일 것
이효석님 나와서
기다리겠지

소달구지 재촉하는
나의 잰걸음
봉평에 가면
메밀꽃 메밀국수가
나를 기다리겠지

강원도(5)
– 삼척골

두타산 한줄기가 뻗어내린 곳
삼척시 미로면 활기리에
양무장군 준경묘(陽武將軍 濬慶墓)가 있습니다.
삼척시 미로면 증산리에는 장군공비위(將軍公妃位)
영경묘(永慶墓)가 있습니다.
영경묘를 찾아가서 성묘를 하고
비가 내리는 산중턱길을 혼자서 걷는데
금방 호랑이가 나올 것만 같데요
갓모를 쓴 할아버지를 만나고서
어찌나 반가운지 눈인사를 했더니
어디 가는 길손인가 물었습니다
"나는 성이 전주이가입니다
준경묘 영경묘에 성묘하러 왔습니다"
"씨 있는 자손이군" 말을 했습니다
준경묘 찾아가서 성묘를 하고
목조대왕 구거지(穆祖大王 舊居地)도 찾아본 뒤에
해가 지기 전에 도계(道溪)로 나왔어요

강원도(6)
– 영월

동강이 흐르고
서강이 흐르고
영월 삼각주에
남한강이 흐르고

단종의 시신을
수습한 엄홍도는
장릉으로 모신
충신입니다

천령포에 흐르는
단종의 눈물
장규루에 오르니
시름이 남았네요

노루목에서 열리는
김삿갓 축제가
영월의 자랑
문화행사 되었습니다.

강원도(7)
– 홍천강

팔봉산 아래
홍천강이 흐른다
물이 하도 맑아
손 씻고 발 씻고

흐르는 굽이굽이
강산 별곡이라
쪼록쪼록 물소리가
간지럽네요

때는 바야흐로
삼복 한 더위
푸르른 숲속에서
매미가 운다.

강원도(8)
– 대관령

대관령 마루
넘어설 때면
확 트인 바다
파란 저 하늘
이제는 그것을
볼 수가 없네

인마를 거부하고
굴 뚫고 다리 놓고
땅속으로 달리니
이제 옛날은 볼 수가 없네

굽이 돌아 오르며
대관령 넘을 때가
외려 좋았다 말을 할까

강원도(9)
– 춘천

춘천은 호반의 도시
강촌(江村)의 군락
"어서 오십시오"
춘천 막국수집
아줌마의 웃는 얼굴
반갑습니다.

금강산에서 흘러왔어요
설악산에서 흘러왔어요
의암호에 모여서
춘천을 감싸 안았어요

소양강 처녀
노래가락 흘러올까요.

강원도(10)
– 한강의 시원

실개천이 흐르는
초원의 언덕
소방울이 딸랑
어미소가 풀 뜯고
송아지가 음메에
뒤를 따라요

햇빛 쏟아지는
초원의 언덕
장끼가 날아와서
홰를 칩니다

아지랑이 가물가물
흐르는 산자락
여기가 바로
한강의 시원이라 하네요

강원도(11)
– 동강의 물굽이

아우라지 김영감이
흐르는 골지천에
뗏목을 띄우고
한평생을 삿대질로
늙었습니다.

동강의 물굽이를
잘 아는 김영감은
이것이 노하우로
재산이 되었네요

아들에게 물려줄
재산이라면
동강의 물굽이를
알려주는 것

강원도(12)
– 정선아리랑

골지천이 흐르는
강 언덕에
버들이 푸르르고
봄이 오네요

물굽이 돌아가는
저 산자락
산꿩이 우네요
노루가 뛰네요

세상사 어줍다고
누가 말했나
나 여기 살리라
아리랑 고향

강원도(13)
– 어화(漁火)

설악산 대청봉에
처음 올랐을 때
산에서 하루밤 보냈지요

밤중에 일어나서
밖으로 나가보니
동해가 온통 불바다 였어요

저 많은 불이
왜 켜져 있을까
어화인걸 나는 몰랐지요

오징어를 유인하는
불빛이라 하는데
죽는 것 모르는 바보 많았네요.

강원도(14)

– 경포

달아

밝은 달아

경포에 뜬 달아

너는 아느뇨

경포 삼월(三月)을

월주(月柱) 월탑(月塔) 월파(月波)라

말하던데요

경포에 달이 뜨고

술잔에 달이 뜨고

나그네 눈동자에 달이 뜨고.

강원도(15)
– 신라 향가(鄕歌)

강릉 태수 순정공의 부임 행차에
그의 아내 수로부인이 동행을 했네

바닷가 절벽 위에 피어 있는 철쭉꽃이
하도 고와 꺾어 오라 했지만
선뜻 나서는 이 없네

지나가던 노인이 이 말을 듣고
절벽에 기어올라 꽃을 꺾어 바치면서
노래를 불렀네

"자주빛 바위갓에 잡은 암소 놓고
날 부끄러워 아니 하시려던
꽃을 꺾어 바치오리다"*

꽃은 지고 저문 날에
나는 여기 노인 되었네

* 신라 향가의 한구절이다.

피안의 유토피아

나 혼자서 간직한
피안의 유토피아
신기루를 쫓는
나의 마음이여

무지개가 걸쳐있는
피안의 언덕으로
줄달음질치시 긴
나의 꿈이여

나는 바보 였네요
멍텅구리 였네요
건너가지 못할
무지개 다리를 꿈꾸었네요

묵게나루

묵게나루에 소금배 나올 때다
아우라지 김영감은
나룻가에 뗏목을 매고
주막집에 들려서 하루밤을 쉬었다
주모와 술마시며 수작을 하다가
주모를 겁탈했다
사내놈이 알고서 대들었다
장삿돈 대주마고 살살 달래여
노잣돈을 몽땅 털어주었다
다음해 주막집 들린 김영감
주모가 없어져서 쓸쓸했다
논마지기 사갔고 이사를 갔다네요
년놈이 짜고서 했던 짓을 모르고
주머니 털린 것이 분했지만
그래도 주모가 있었으면 했다.

두메산골

해설피 울어대는
빼꾸기 소리
두메산골에 노을이 진다

할배가 소를 몰고
앞을 서 가면
송아지 움메 하고 뒤를 따른다

다시, 두메산골에
저녁연기 오르고
된장국 내음 구수하여라

옥수수로 밥을 지어
배부르게 먹고나면
어두운들 어떠리, 잠자면 되는거여

안녕

안녕 안녕
인사하는 말 속에는
사랑이 깃들고
정이 깃들고
웃음이 깃들고
즐거운 마음 깃들지요

이것이 인정이요
사람의 감정인걸
안녕을 선사하는
우리들의 하루는
안녕 안녕으로
즐겁지요.

금강

소백산맥 장수 땅
천천에서 시작된 금강이
천리(401㎞)라네요

영동의 양산팔경
옥천의 금강유원지
대청댐 대청호 만들었지요

부여의 백마강
낙화암 삼천궁녀
강경의 옥녀봉
황홀하네요
낙조가 불빛이네요

거벌모라

옛날 옛날
동해안에
거벌모라 있었다

울진 죽변 땅을
중심으로 한
지방이름 이었다

신라가 국토를 확장 하려고
동해바닷가로 진출하면서
실직주(悉直州)를 설치하고
거벌모라를 편입시켰다

국보242 "울진봉평리신라비"의 해설문
이때가 바로 신라 23대 법흥왕 11년(524)
아주 먼 옛날의 얘기였다.

편지

지금 편지가 당도 했네요
기다리고 기다리던 편지였네요
반갑기 그지없는 사랑의 편지네요
글씨 하나하나 낯이 익네요
한번 만나자고 써있네요
어찌나 반가운지 눈물이 나네요
나도 답장을 쓰겠어요
보고싶다 쓰려고 합니다
오고가는 사랑의 편지
꼭 한번 만나서 편지로 못다한
사랑의 얘기를 나누고 싶네요

달구경

휘영청 달이 밝은
밤이였습니다

순이가 살곰살곰
다가와서는
모정(茅亭)에 올라가서
달구경을 하자네요

밤이라서 모정에는
사람이 없습니다

달구경을 하면서
손도 잡아보고
볼때기도 대보고
살그머니 껴안고서
입도 맞추고

그렇게 그렇게
놀자고 하네요

울

풀밭을 가로지른
장대 하나로
소와 양은 이곳을
넘어가지 못합니다

장대 하나가
울이 되었지오

사람들도 법이라는 울 속에
살고 있습니다

안녕 질서를
울 안에다 마련하고,
사람들은 그러나
이곳을 잘도 넘어갑니다

연극

사람들은 연극을 좋아합니다
현실이 아님을 잘 알면서도
그 속으로 들어가서 살고싶어 합니다

웃음을 자아내는 해학이 있고
애환이 젖어드는 슬픔이 있고
우리들의 삶은 그저 연극이지요

청려장(靑藜杖)

사람이 늙으면 다리 힘이 빠져서
지팡이를 짚고 다닌다

퇴행성 협착증 수술을 받고
나도 지팡이에 의지하고 걷는다

내가 짚는 지팡이가 청려장이다
명아주 대라서 잠 가볍다

장수를 하겠다고 마련했는데
속 털어도 또 쑥스럽다

※ 옛날 임금님이 벼슬에서 물러나는 당상관들에게 하사를 했다는
지팡이가 청려장이다

나의 하루

가는 세월 보내고
오는 세월 맞는다
세월 관계 아니해도
하루는 그냥 바쁘다

오늘 가는 것 알고
내일 오는 것 왜 모를까만
인생무상 매달려
허덕이는 나의 시간

제2부

나는 바다에 서 있었네요

초대합니다

차 한잔 나누자고
초대합니다

얼굴도 보고싶고
얘기도 나누고싶고

임이 좋다면야
나도 좋습니다

장미보다 아름답고
백합보다 고운

방긋 웃는 얼굴
보고 싶네요

혼자서 와요
나도 혼자서 기다리겠습니다

정월 대보름

아침에 일어나서 더위를 팔고
병을 물리치려 부럼을 깬다

어른들은 풍물 치고
아이들은 연을 띄운다

남자는 팽이 치고 제기 차고
여자는 널 뛰고 주사위 던지고
남자 여자 편을 갈라 윷놀이 한다

해거름에 쥐불 노면
고라실 논두렁이 불꽃으로 이어가고
동네 사람 모여서 달집을 태운다

강강수월래
손에 손을 잡고서
빙빙 돌아가는 정월 대보름

홍수

금강이 넘치네요
흙탕물이 되었네요
어제그제 장대비
물난리가 났네요
앞들 뒷들이 물바다가 됐네요

때마침 사리때라
바닷물이 밀고 와 금강을 막았네요

몇일이 더 지나야 물이 빠질거라고
몇일이 더 지나야 잡놈이 나갈거라고
할딱거리며 마을사람들 입을 모았네요

바다

바다는 넓다

흘러드는 물이라면
모두 받아 들인다

싫다고 하지않는
아량보다 더 통이 크다

가랑비 내리고, 소나기 퍼부어도
함께 춤추어라 저 바다여.

나는 바다에 서 있었네요

시 한수 얻으려고
명산을 찾았지요

백두산 올라가서
천지를 봤네요

금강산 올라가서
동해바다 봤네요

설악산을 열 번이나 올랐어요
지리산 종주에 사흘이 걸리데요

한라산을 올라가니
사방 팔방이 바다였네요
나는 바다에 서 있었네요

바람이 부네요

하늘에는 총총
은하수가 흐르고
견우 직녀 만나는
오늘이 바로 칠석 날이네요

찌릉 찌릉 풀벌레가 울고 있네요
짝을 찾으려고 우— 하는가 봅니다

바람이 부네요
국화가 망울 트고 향기 뿜네요

예술

문예

서예

공예

화예

음예

체예

선생이 있었기에 배울 수가 있었고

제자가 있었기에 전수가 되었지요

인생의 예술은 길고

예술의 인생은 더 길고

8.15 해방은 감격이었네

군인으로 간 많은 사람들
돌아왔네
징용으로 끌려간 많은 사람들
돌아왔네

벌써 68년이 지났네
만세소리가 귀에 쟁쟁하네

8.15 해방은 감격이었네
울렁울렁 큰 지진이었네

잠실벌

내가 사는 곳이 서울 잠실벌
서울 동남쪽 변두리지만
역사의 고장으로 알려져 있습니다

사적 243호인 석촌동 고분군
사적 270호인 방이동 백제 고분군
사적 297호인 몽촌토성이
한성 백제 초기의 유적입니다

삼전도한비(三田渡汗碑)는
사적 101호.
병자호란의 역사 새겼습니다

88올림픽, 종합운동장
올림픽 공원안에 경기장이 있고
평화의 문을 세웠어요
동서의 화해를 상징한다 합니다
자랑이지요. 내가 사는 곳이 잠실벌.

이대로

비가 오면 오는 대로
눈이 오면 오는 대로
좋아요 이대로

해가 서쪽으로 기우네요
오늘이 가면 내일이 오지요

지구는 자전을 계속하지요
그러기에 해가 기울었다 떴다 하지요

해가 떠서 가고
달이 떠서 가고
좋아요 이대로

약속

세상이 모두 나를 속여도
나는 세상을 속일 수 없습니다
찰떡 같은 약속을 해놓고서
헌신짝같이 버린다 하면
그것은 약속이 아니지오

선량들의 약속은
공약(公約)입니다
공약(空約)이 되버리면
안됩니다

한 번으로 끝낼 것이 아니라면
약속을 지키는게 좋을 겁니다

맞바람

맞바람이 부네요
눈이 녹아 내리네요

4.19의 맞바람이
독재를 막았어요

6.10 맞바람은
6.29 선언을 이끌었고
민선으로 바꾼
맞바람이였네요

맞바람은 언제나 훈훈한 바람
그러기에 언 가슴을 녹여 줍니다

가을비

비가 내리네요
스산하네요
낙엽이 한잎 두잎 떨어지네요

님이 넘던 고개 마루
성황당 마루
자욱한 안개비가 내리네요

눈 내리면 오시려나
꽃이 피면 오시려나
소식도 없는 님을 기다리네요

성황당 마루에 어둠이 들면
가을비 하루도 다 가네요

시계바늘

초침이 돌아가면
분침이 돌고
분침이 돌아가면
시침이 돌고

시계바늘이
돌아갑니다

해가 가고
달이 가고
너도 가고
나도 가고
시계바늘 따라서
모두가 간다

한촌(閑村)의 겨울밤

함박눈이 소복소복
쌓이는 밤
동네 노인들이
사랑방에 모여서
옛날 얘기책을
읽고 있습니다

춘추 전국시대
영웅호걸이
싸움터로 나가서
싸우는 무용담
저자가 누군지
잘 몰라도
주인공은 여간해서
죽이지를 않는다

오는 겨울에는
삼국지 수호지를 사다가
읽자고 하네요

풀뿌리 민주주의

내가 어렸을땐
민주주의 몰랐어요

8.15 해방으로
민주주의 알았어요

나라에는 왕
왕을 받들고서
사는 걸로 알았어요

지금은 다릅니다
풀뿌리 민주주의
새 시대가 되었어요

나라의 근본은 국민입니다
대통령도 국민이 뽑아줍니다

사랑

사랑을 하다보면
내가 나를 잊을 때가
더러 있습니다

그것이 한 순간 일지라도
나를 행복하게 만들어 줍니다

비상의 나래를 퍼덕이면서
어디론지 훨훨 날아가면서
사랑을 받고 싶네요

하늘만큼 땅만큼

순리

한 해 저물고
한 해 다가온다

또 한 살의 나이를
먹게 되었네

어렸을때 나이는
먹을수록 좋았는데
늙어가는 나이는 먹을수록 싫다

가는 세월 누구라 세울까

나이가 늘면 느는대로 살아야지

지구는 둥글더라

지구를 한바퀴 돌아 봤지만
지구의 끝은 찾지 못했습니다
지구가 둥글기에 끝이 없다 하데요
지평선이 저멀리에 보입니다만
그곳이 지구의 끝이 아니였소

가도 가도 지평선은
또 저만치에 있더이다

한글

한글은 우리나라 고유 문자입니다
세계 5대 문자중 하나 라고 하네요

위대한지고
자랑인지고
한글을 만드신 세종대왕 이시여
그때가 벌써 600여년전

문을 보고서 만드신 글자
ㄱ ㄴ ㄷ ㄹ 로 시작됩니다

개(犬)

번개불이 번쩍
우르릉 뚝딱
청천벽력(靑天霹靂)
날벼락 친다

개들이 놀라
집안으로 뛰어들어
머리만 처박고서
벌벌 떨고 있다

너는 아직도 모르고 있는가
아무데나 똥싸고 오줌싼 죄를

그렇게나 조심하라 일렀거늘
아랑곳 하지 않는
너는 개다

풍각쟁이

이 집 저 집
이 장터 저 장터를
떠돌다 보니
만나는 사람마다
낯익은 얼굴들
깜박 눈인사가 오고 간다

장돌뱅이
고래고래 소리치는
그 속으로 들어가서
신나게 해금을 킨다

돈이 몇닢 나오면
바꾸는 레퍼터리
하루하루 재주가 늘어간다

순이 생각

내가 어렸을때
소꿉장난 친구였던
순이 말이오

이웃집에 살았던
순이가 찾아와서
소꿉장난 하자고 졸라 대네요

흙 파다 밥 짓고
풀 뜯어다 국 끓이고
맛있게 얌얌 먹고 나더니
잠도 자얀다고
나란히 눕자네요

부모 따라 먼데로
이사간 순이
그때 순이가
어디 있나요

고산병

안데스산맥 쿠스코에서
하룻밤 쉬자고 누웠을 때
가슴이 울렁울렁 메스꺼워서
잠을 이룰 수가 없었습니다
해발 3360미터 고지대
산소 부족으로 일어난 병이였지요
마테코카차가 끓고있는 후론트로
엉금엉금 기어가서 한잔 마셨더니
속이 가라앉아 잠을 잤네요
잉카제국의 고도였던 쿠스코
인구가 30만이 살고 있는데
이들은 고산병을 모른다고 합니다
고산족이 사는 방법을 터득하고서
산소가 부족하면 부족한대로
적응이 되어서 산다 하데요

보리고개

고개 중에 높은 고개
보리고개 아십니까

보리 목 잘라다가
떡보리 만들어서
밥을 지어 먹었지요

쑥을 캐다 삶아서
된장에 무쳐 먹고
허기진 배를 조금씩 채웠지요

주린 배 움켜쥐고
어렵게 넘는 고개였지요

비단구름

석양빛 붉게 물든
비단구름 봅니다
내일은 비가 오지 않는다네요

목화구름
송이구름
하얀 떼구름
푹푹 솟아나서
비단구름 되네요

동구 밖 언덕으로
달려가는 아이들
비단구름 떼구름이 하도 고와서
손뼉을 치며 좋아했네요

햇병아리

정월 맛배로 깬 햇병아리가
어미닭 주변을 맴돌고 있다
물 한 모금 먹고서 하늘을 보며
하늘 높고 푸른 것 안다

솔개 한 마리가 원을 그리면서
하늘을 날고 있다

어미닭이 무섭다고 꼬꼬대지만
햇병아리 그런 것을 아직 모른다

햇빛이 반짝반짝 뜰안에 가득
햇병아리 제 그림자 쫓아가지만
따라잡지 못하는 그림자 있다

솔개가 무섭다고 어미닭이 부르면
아장아장 걸음으로 달려가서는
어미닭 쭉지안에 숨어버린다

제3부

논산 아리랑

하늘을 나는 저 솔개여

하늘을 나는
저 솔개여
네 눈이 그렇게도
밝더란 말이냐

열길 백길
높은 곳에서
땅위를 기어가는
쥐를 찾아내고
뱀을 찾아내고
쏜살 같이 내려와서
낚아채는 그 솜씨

나는 네 솜씨에 반했다
그리고 네 생존에 우울했다

더불어 산다

흉년이 들면
부자집은 곳간을 열어 놓고
기민(飢民)했습니다

"불이야"
하는 말에
동네 사람들이
물동이 이고 나와
불을 껐습니다

우리는 모두가
이웃에 살며
인심을 펴 주었습니다.

황산나루

어영차 영차 어영차 영차
도사공이 앞에서
선창을 하면
후렴을 외우는
노잡이 삿대잡이
해가 지는데도
어영차 영차
강경 장날이면
시끌벅적 황산나루
황산나루에 다리를 놓고
사공들이 떠났어요
나룻배도 떠났어요
황산나루 바위갓에 스치는 물결
금강은 지금도 흐르고 있네요.

품앗이

호락질은 고달프고
능률이 안오른대요
백지장도 마주 들면
가볍다고 하데요
오늘은 내집 일 하고
내일은 네집 일 하고
삶의 물레 돌리며
날넝이노 뜨습네요

산수일기(山水日記)

조선 중기 실학자 이중환은
우리나라 명산대천을 돌아보고
글로 써 택리지(擇理志)에 옮겨 담았지요
가이드북(Guidebook)인 셈이지요
나도 우리나라 국립공원 20곳을 섭렵했고
사적 및 명승 6곳과
명승지 7곳도 모두 찾아보았어요
국보가 있는 곳이면 산간오지도 마다하지 않았고
그러다가 이름난 사찰도 찾았지요
국보 문화재를 소장하고 있는 박물관 미술관도 살폈지요
이런 저런 것을 글로 써 남긴 것이
문학당간 고송 저 산수일기(高松著 山水日記)입니다

토네이도

먼지나 모래알을
기둥같이 돌돌 말아 올리면서
휩쓸고 가는 회오리 바람이다

아프리카 케냐의 사바나를
자동차로 달리고 있을 때
모래기둥으로 돌돌 말아 올리면서
세차게 불어가는 바람, 그것이있다

아메리카 에서는
이 바람이 휩쓸고 간 곳은
쑥대밭이 된다네요

집이 날라가고
자동차가 넘어지고
나무가 쓰러지고
사람까지 끌고가다
패대기처 버리는
참 무서운 놈이라 그럽니다

백마강 에레지

백마강 깊은 물에
몸을 던진 삼천궁녀
낙화암은 죽음보다 높았더냐

사비궁이 불타고
울음소리 날개 단 날
백마강 푸른 물은 구두래로 흘렀더냐

아, 슬펐어라
흐르다 돌아선 강
언덕에 물새도 울었더냐

청개구리

비구름이 몰려오면
청개구리 우네요

높은곳에 어미 무덤
만들자고 했건만

낮은곳 물가에다
반대 무덤 만들고서

우리 엄마 떠나간다
비가 올 때마다 울고 있네요

왜서 너는 그렇게
어긋나게 사는가

이러라면 이렇게 아니던가
저러라면 저렇게 아니던가

산넘어 남촌

바람이 남촌에서 불어오네요
싱그러운 봄바람이 불어오네요

삼돌이가 사는 마을
산 넘어 남촌
십리 백사장이 트인 바닷가
순이와 삼돌이는 모래섬을 쌓네요

삼돌이가 말했네요
순이 손을 꼭 잡고
남촌으로 시집와서
나하고 살자네요

서울 가는 길

두갈래 길 세갈래 길
때로는 네갈래 길
가다보면 십자거리 만납니다

동쪽으로 갈까요
서쪽으로 갈까요
다시 북쪽으로 갈까요

과거 보러 가던 길
과거 보고 오던 길
말 타고 가던 길
가마 타고 가던 길

많은 사람들이 오가던 길
그래서 한없이 넓어진 길

논산 아리랑

금강이 흘러흘러 굽이 돌아 가는곳
논산평야 넓은 들 기름진 옥토
황금 물결 일렁이는 가을이 오면
풍년가를 부른다 논산 아리랑
국립공원 계룡산이 높이 솟아 오르고
대둔산 산마루에 먼동이 트면
논산 훈련소 기상 나팔소리에
아가씨들 가슴이 두근두근
아리랑 아리랑 논산 아리랑
아리랑 가락속에 묻어난 사랑
은진 미륵불 앞에 나가서
손가락 마주걸고 약속한 사랑
논산은 내고향 역사의 고장
계백장군 막아섰던 황산벌 싸움
후백제 견훤이도 신검과 싸운 곳
녹두장군 전봉준도 논산에 진을 쳤다
서울로 가는 길 호남으로 가는 길
길손들이 부르는 논산 아리랑

나는 간다

나는 간다
나의 길 가야만 하는 것이다

사람들이 간다기에 나도 따라 가지만
어디로 가는지는 나도 모른다

가다가 힘이 들면 쉬어가도 되지만
다시 일어나서 가야만 한다

사람들이 가는 길 모두 가는 길
오늘도 가고 내일도 간다

들국화

양지바른 언덕에
피어있는 들국화
살폿이 바람결에 춤을 춥니다

황혼의 부르스여
흐르는 멜로디여
석양이 아름답구나

하얀 꽃술에
향긋한 내음
다소곳 내일을 기다립니다

순이의 미소

순이의 미소에
반해버린 나

장미보다 아름답고
백합보다 고와라

향기가 가득
넘쳐 흐르네요

순이 손을 잡고서
순이가 제일 예쁘다고 했더니

팔딱 팔딱 뛰네요
입이 함박같이 벌어지네요

사발통문(沙鉢通文)

등짐장수
봇짐장수
보부상 장돌뱅이
이 장터 저 장터로
왔다갔다 하면서
전해지는 사발통문

발기인이 누군지 모르게 하려고
둥글게 둥글게 말아논 글

장돌뱅이 손에서
손으로 전해지는
방방곡곡 사발통문
귀가 열리고 있네요.

동포

여행지에서 만난 동포들
손을 잡고 흔들어 댑니다

저멀리 남미의 쌍파울에서
아프리카 남단의 케이프타운에서
북유럽 러시아의 모스크바에서
한식 식단을 마련해준 동포들

나는 눈시울이 뜨거웠습니다
외국에 나가면 모두가 애국자
나도 애국자가 되었나 봅니다

상생(相生)

생존경쟁의 아비규환 속에서
살벌하리만치 냉혹하지만
태초에 시작된 상생의 원형질이
우리의 피속에 흐르고 있습니다

세월이 흐르면서 사람이 많아지고
경쟁 속에서 살아가는 현실
공존의 철학이 깃들어 있고
그 속에서 자기 몫을 찾아냅니다

마을을 형성하고 나라를 세우고
그 속에서 살고있는 우리들이니까요

망원경

하늘에 떠있는
별들을 찾아낸다

과학이 발달하고
천문대가 세워져서
하늘을 보고

지금은 딜나라도
왔다갔다 하는 때
망원경이 있고서 해낸 일이다

쌍그네

단오날이 오면
동구밖 참나무에
그네를 매고
동네 사람들이
모두 모여서
그네를 뛰었어요

순이와 나는
짝이 되어서
쌍그네를 뛰었네요

순이의 치맛자락이
하늘에서 나부끼고
나는 그것이 하도 좋아서
그네 줄을 힘껏
굴러댔네요

목장의 밤

목장에 해가 지고
땅거미가 다가오면
어미소가 움메 음메
송아지를 부른다

우사에는 이곳 저곳
방이 여럿인데
제 방을 찾아가는
어미소와 송아지

목동이 잠이 들고
개가 불침번을 설 때면
목장의 밤은 조용합니다
늑대가 우는 소리
멀리서 들리고

물

한라산을 오르는데
출발을 하자마자 목이 말랐다

산장에 들려서 샘을 찾았지만
어느곳을 살펴도 샘이 없었다

정상에 올라가서 백록담을 내려다보니
환장할 지경이였다

백록담에 내려갔다 다시 올라오려면
해가 꼴딱 질 것만 같았다

내려오는 길에
찔레도 꺾어먹고 꽃잎도 따먹고
갈증을 풀려고 했지만 헛수고였다

다 내려와 물을 벌컥 벌컥 마시면서
물의 의미를 다시 알았다.

불

불이 발견 되면서
세상은 변했다

용광로를 만들어
쇠를 녹여냈어요

철근을 만들고
칠판을 만들고
빔(beam)을 만들어
빌딩을 세웠어요

우리나라에서도
지상 123층까지 올라간대요

땅위에 사는 사람들이
하늘 높은 곳에서 살게 되었네요
불을 발견한 덕이라 하더군요

한성 백제

풍납토성
몽촌토성
방이동 백제 고분군
석촌동 고분군
한강변에 남아있는
한성백제 유적을 찾아봅니다

석촌동 고분을 발굴 조사 하고서
빗살무늬 토기와 칠기가 나왔대요
한성 백제 때의 생활품 들이지요

이것으로 칠기의 역사가
바뀌졌다 하네요

산책

"안녕하십니까"
아침 산책 길에서
반갑게 나누는 인사가
그렇게 즐겁습니다

아침해가 방긋
나도 방긋
너두 방긋
모두가 방긋

아침 산책으로부터
하루가 방긋, 지나갑니다.

말

아버지가 하는 말
어머니가 하는 말
따라서 말을 배웠지

반가우면 웃었고
슬프면 울었지

선생님의 말씨는
언제나 나긋나긋
유치원의 보모는
언제나 사글사글

비밀

1급비밀
2급비밀
모두가 때가 지나면
비밀이 아니다

비밀이 오래 간직되는 것은
비밀이 그만치 가치가 있기 때문

기자들의 비밀은 하루를 못넘기고
연예인의 비밀은 까바치는 것

사랑의 비밀은
오래오래 꿈으로 남는 것

동방의 등불

인도의 시인 타고르는
한국을 일러
동방의 등불이라 했습니다

활활 타오르는
동방의 등불
한류의 열풍으로
더 높은 등불

위대한지고
자랑인지고
우리 문화의 영광인지고

나도 한 수 떠 볼까
등불의 코리아

제4부

산장의 밤

에누리

박영감이 처음으로
서울나들이를 하게됐다
"서울까지 얼마요"
"삼원 육십전입니다"
"삼원 오십전에 한 장 주시오"
"안됩니다"
"에누리 없는 장사 어디에 있소"
"기차표는 에누리가 없습니다"
"앗다 그 양반 에누리 안 해주면 사지 않겠소"
"그러시오"
이말에 깜짝놀란 박영감이 주머니에서 돈을 꺼내들고
"자 여기있소 삼원 오십 오전이오"
차표 파는 사람이 껄껄 웃으면서
"차표를 에누리 하자는 사람 처음 봤소
서울 갔다 올 때 오전을 갚으시오"
"서울 갔다 올 때 선물 하나 사다 주리다"

시집살이

고추보다 맵다더라
시어머니 보다 시누이가 미웠더라
고놈의 고자질에 멍이 들었더라

죄없는 강아지 배때기를 차대니
깽하고 우는 소리 불쌍 했더라

님이 오기를 기다린 것은
신랑이 안아주고 위로 하는 말에
봄바람에 눈녹듯이
아픈 가슴 풀렸기 때문이더라

보부상의 후예들

오대양 육대주를 누비고 다니면서
통상을 여는 상사(商士)들이여

지금 하는 일이 비즈니스지만
외교관의 한몫을 해내고 있음이리

"메이드 인 코리아" 세계수출국 9위
그냥 이루어진 것이 아니겠지요

그 옛날 보부상의 후예들이여…

우리나라

백두산에 올라가서
저 넓은 요동땅 내려다봤네

옛날에는 그곳이 우리나라였는데
지금은 아니라네, 남의 땅 되었다네

배달의 민족 반만년 역사
뿌리는 내리고 있겠지요

수자원이 풍부하고 옥토 곡식 기름지고
배부르게 언제나 먹고 살 건가

장인(匠人)

쟁이라고 부른 것이
엊그제 같은데
지금은 장인으로
끔직하게 모십니다

목공이 만든 가구
도공이 빚은 그릇
화공이 그린 그림
그런 그 솜씨 알아줍니다

세상은 바야흐로
일인일기(一人一技)시대
재주 하나씩, 장인시대입니다

재인(材人)

환쟁이 공쟁이 노래꾼
옛날에는 재인을
쟁이라고 하대했다

지금은 어림없어,
그림을 잘 그리면
화백으로 모시고
노래를 잘 부르면
국민가수 됩니다

세계 콩크루
일등만 해보시요
카 퍼레이드로 떠들썩 합니다
모십니다 모입니다

잿놈이 아닙니다
재인으로 모십니다

산장의 밤

궂은비가 내립니다
먼 데서 부엉이가 울고 있네요

밤 깊어 혼자 있으려니
쓸쓸 하네요

문득 생각나는 마지막 잎새
오 헨리의 세상을 그려봅니다

뉴욕 파루다반 카페에 들려
마지막 잎새 벽화를 보며 마시던
차 한 잔, 울먹이네요

내고향

내가 살던 고향 마을
언덕에 올라
툭 터진 넓은 들을
바라봅니다

금강이 굽이돌아
흘러가는 곳
강경 옥녀봉이
손에 잡힙니다

호남선 열차가
검은 연기 뿜으면서
들판을 가로질러
달려갑니다

어데서 오고
어데로 가는지
논메(論山) 갱갱이(江景)를
오르내립니다

강경의 봄

진달래 피고
금강변 갈대밭이
파랗게 움이 돋우면
웅어가 올라와요
복어가 올라와요

웅어 잡아 회치고
복잡아 국끓이고
막걸리 한 사발에 복국도 한 사발
강경 장날이면
봄은, 시끌 시끌 했지요

凡夫의 노래

뚝닥 북장단에
너울너울 춤사위
凡夫의 노래, 흥을 돋군다

아리랑 가락 속에
묻어나는 혼
넋두리는 가다가 하소연 되네

길어도 한 평생
짧아도 한 평생
오늘 자유 좋아라, 그냥 꽃펴라.

자유

자유를 보려고
찾아 갔네요

런던의 하이드파크
스피커스 코너에서
마음대로 말하고
마음대로 들어주는
치외법권의 그곳을
자유라고 봤네요

말을 하고 싶으면
연사가 되고
말을 듣고 싶으면
청중이 되는

스피커스 코너에
자유가 익었네요

농사

"농사짓는 것이야 누군들 못하리"
이렇게 말한 것이 엊그제 인데
지금은 다릅니다
농사도 기술입니다

소나 돼지를 키우고
닭을 키워도
김퓨터가 동원되고
원예농사도 진일보 했습니다

트랙터를 다루고
콤바인을 다루는
그런 시대가 되었습니다
변화는 무식을 넘어
지식을 또 넘을 것입니다

태양빛

태양이 빛을 보내주지 않는다면
동물과 식물은
살아갈 수 없습니다

태양의 빛이 없으면
식물은 꽃을
피우지 않습니다
열매를 맺지 못합니다

열매가 없으면
동물은 먹을 것이 없습니다
사람도 먹을 것이 없습니다

태양의 빛은
우주 만물을 키우는 원천입니다

나

태초의 사람들은
해가 지면 굴 안으로
찾아 들어갔지요

해가 뜨면 굴 안에서
기어 나왔지요

하루종일 먹을 것을
찾아 다녔어요

물가에서 가재 잡고
나무에서 열매 따고
토끼도 잡고 멧돼지도 잡았지요

배부르게 먹고는 짝을 찾았지요
아들 낳고 딸 낳고
대대로 이어오며
오늘에 이른 것이지요
나도 바로 여기에 있지요

자연

지구에서 살아가는 동물과 식물
얽히고 설켜 살아갑니다

동물은 식물의 과육을 먹고
이곳 저곳으로 씨앗을 옮깁니다

식물이 꽃을 피운다 해도
벌과 나비가 오지 않는다면
열매를 맺을 수가 없습니다

삼라만상이 얽히고 설켜서
살아가는 것이 자연이지요

어부의 노래

어기야 디야
어기야 디야

만경 창파에 배 띄우라
힘을 모아 노를 저어라

만선의 깃발을 높이 올려라
오늘은 즐겁게 춤을 추어라

등대불이 깜박이는 포구로 가자
순이가 거기서 기다린단다

행복

하늘에서 떨어졌나
땅에서 솟아났나
내가 얻은 행복
그렇게도 좋구나

풍부한 물질로 가늠할 순 없다
내가 나를 자유롭게 다스릴 수 있는
마음의 파랑새

달아나면 안됩니다
그대로 놔두시오
가만 두시오

어머니 마음

다정하고
인자하고
너그럽고

비가 오나
눈이 오나
언제나 감싸 안는

하루가 가고
이틀이 가도
그리워 변치않는

5월의 장미

활활 타오르는
불꽃이어라
뜨거운 햇빛의
변신이어라

지금 그대에게
키스를 하고 싶은
오, 계절의 여왕
황홀함이여

시간

시간은 간다

시간은 머물지 않는다
시간이 멎으면
모두가 멎는다
이것으로 끝이 나는 것이다

시간은 변지 않고
모든 것 변하게 한다

명품

왜
사람들은
명품을 좋아하나

가방이면 가방
시계면 시계
있으면 있는대로
없으면 없는대로
살아온 우리들인데

왜서
명품에
눈독을 들이나

남이 사니까
나도 따라 샀다면
명품은 아닌 셈

대장의 꿈

지난 밤
하늘을 날았어요

화살표 기러기떼
맨 앞을 날았어요
내 뒤를 따라오는
기러기떼 봤어요

팔다리 내젓다가
꿈에서 깨었네요
높고 높은 하늘에서
뚝 떨어졌네요

동네 아이들 끌고 다닌
골목대장, 대장의 꿈이었나 봅니다

바둑

바둑도 하나의 게임입니다
두뇌 싸움을 하는 겁니다

바둑 두는 것을 구경하다가
도끼자루 썩는 줄도 몰랐다네요

바둑알을 들고서
여기 놀까 저기 놀까
무아의 경지가 펼쳐지네요

기사 회생
칠전팔기라
시간은 언제 갔나, 모르겠네요.

이어도

제주도 서귀포시 대정읍 마라리
이어도는 마라도에서 149㎞
중국의 퐁라도에서는 247㎞
일본의 도리시마에서는 276㎞
거리로 봐도 가장 가깝고
EEZ선을 그려놓고 봐도
우리나라 영해안에 들어있습니다

수상에서 36미터
암반으로 부터는 76미터 높이에
이어도 종합 해양기지를 세웠고
구축물 총면적이 400여평
이어도는 바로 우리 섬입니다

※ 1900년 영국상선 소코트라호가 이어도에 좌초를 하면서 알게 됐다.
파도가 칠 때면 이어도 바위 곶이 물밖으로 나왔다고 한다.

신문고

조선시대 대궐문에
걸어놨던 북이다

원통한 일 생겨 하소연 하고 싶을때
이 북을 치면 들어주었다

지금은 민주주의 시대
민초들이 하는 말을 위정자가 들어준다

위정자의 자리가 위가 아니고
국민이 주체가 된 민주주의

신문고 울려라
느긋한 마음으로

행복을 잡으려고 서둘다 보면
행복은 먼 데로 달아 납니다

사람의 평생은 아주 깁니다
천천히 천천히 살아갑시다

학교 공부는 교실에서 하고요
사회 공부는 사회에서 또 배웁니다

서둘러선 안됩니다
느긋한 마음으로 대드는 깁니다

■ 평설

새의 날개 되어 찾은 시쓰기의 행복

김용재

시인, UPLI 한국회장

I

런던에서 지하철을 타고 랑캐스터 게이트(Lancaster Gate)나 하이드 팍 코너(Hyde Park Coner)나, 마블 아치(Marble Arch)역에서 내리면 영국의 큰 자랑거리 중 하나인 하이드 파크가 광활하게 펼쳐진다. 하이드 파크는 원래 웨스트민스터 사원의 소유지였으나 사냥터 등으로 사용하던 것을 찰스 1세가 공원으로 탈바꿈시켜 일반 시민들께 공개한 것이다. 이곳에 들어가면 도시의 소음에서 벗어나 편안하게 쉴 수 있으며 여유롭게 산책할 수 있다. 400년 역사를 자랑하는 공원답게 볼거리도 많다. 중심에 자리한 길쭉한 모양의 인공호수와 노 젓는 사람들의 낭만과, 피터팬 동상, 다이애나 황태자비의 기념비 등이 눈길을 끈다.

특히 스피커스 코너(Speaker's Coner)는 명품진품에 속한다. 누구나 연단에 올라가 아무런 이야기든 할 수 있다. 시사토론, 사회적 불만, 국제평화, 여행담, 사랑고백 등 어떤 것이든 관계없으며 우리말로 소리쳐도 틀림없이 박수치는 사람들이 있을 것이다. 세계일주 여행가로서의 편력을 소박하게 시심으로 펼쳐내고 있는 이규복 시인은 바로 이곳에서 '자유'를 본 것이다.

자유를 보려고
찾아 갔네요

런던의 하이드파크
스피커스 코너에서
마음대로 말하고
마음대로 들어주는
치외법권의 그곳을
자유라고 봤네요

말을 하고 싶으면
연사가 되고
말을 듣고 싶으면
청중이 되는

스피커스 코너에

자유가 익었네요

　　– 「자유」 전문

스피커스 코너는 「서로 자유를 방해하지 않는 범위에 있어서, 자기의 자유를 확장하는 것, 이것이 자유의 법칙이다」라고 말한 철학자 칸트를 생각케 하고, 「영국인은 자유를 법률상의 아내와 같이 사랑한다」는 시인 하이네를 다시 생각케 한다. 이규복 시인이 본 곳은 치외법권의 영역이며 마음대로 연사가 될 수 있고 마음대로 청중이 될 수 있는 자유가 무르익은 낙원이다.

이 시집 『凡夫의 노래』를 관통하는 의미를 나는 자유의 낙원처럼 본 것이다. 시인이 시를 자유롭게 쓰고, 어떤 한 주제에 대한 강렬한 투쟁의식이나, 난관에 봉착 할 때의 구속의식 등 어려운 문제는 다 떼어놓고 소박하고 쉽게 쓰고 있다는 점에서 더욱 그렇게 생각한 것이다. 이는 「시인의 말」과도 상통한다.

> 시를 잘 쓰고 잘 못 쓰는 것은 문제 삼지 않기로 했다. 시상을 하면서 문학을 찾고 철학을 얻고 내가 나를 발견하고 있어 그것이 더 즐겁기 때문이다. 나는 지금 이 시로 해서 건강을 지키고 있는 것이다.
>
> – 「시인의 말」 중간 일부

잘 쓰겠다고 목을 매듯 노력을 해도 좋은 시 찾기가 어렵고 아무렇게나 마음대로 쓴다 해도 그럴듯한 시가 탄생되었다고 한다면 시 쓰는 자세를 수정해도 좋겠지만 여기 이 시인은 그런 생각을 하지않고 시를 쓰면서 자신을 발견하고 건강을 찾고 있으니 얼마나 다행스런 일인가. 시쓰기의 자유에서 비롯된 것이고 마음대로 말하고 마음대로 들을 수 있거나 하기 싫으면 말을 아니 하고 듣기 싫으면 피하면 되는, 스피커스 코너에서 찾은 자유사상이 무르익었기 때문일 것이다.

> 뚝닥 북장단에
> 너울너울 춤사위
> 凡夫의 노래, 흥을 돋군다
>
> 아리랑 가락 속에
> 묻어나는 혼
> 넋두리는 가다가 하소연 되네
>
> 길어도 한 평생
> 짧아도 한 평생
> 오늘 자유 좋아라, 그냥 꽃펴라.

―「凡夫의 노래」 전문

이 시집의 표재로 내 놓고 있는 「凡夫의 노래」에도 역시 자유는 아름답다. 자세히 음미해보면 우선 이 노래는 북장단과 어울리고 춤사위와 어울리고 그래서 흥을 돋구는 것이다. 대표적인 것이 아리랑인데 그 가락에는 혼이 묻어나고, 넋두리는 가다가 하소연으로 변한다.

흥을 돋구던 것이 하소연이 되면, 그 하소연은 슬픔과의 어깨동무로 바뀌고 말 텐데, 길어도 짧아도 한 평생을 수용하는 숙명의 오늘을 자유로 전환시킨 그 시심은 그냥 꽃 펴서 빛날 수 있는 것이다.

지배자와 자유는 쉽게 결합할 수 없다고 하지만 노래를 지배하는 범부로서의 시인은 어렵지 않게 자유와 결합할 수 있다는 것을 알려준 것이 아닐까 생각해 본다. 그렇다고 자유는 지배당한 것이 아니고 시인이 찾은 조화로운 꽃으로 새겨질 것이다.

하늘에서 떨어졌나
땅에서 솟아났나
내가 얻은 행복
그렇게도 좋구나

풍부한 물질로 가늠할 순 없다
내가 나를 자유롭게 다스릴 수 있는
마음의 파랑새

달아나면 안됩니다

그대로 놔두시오

가만 두시오

–「행복」 전문

이 작품에도 자유는 행복의 근원처럼 뿌리를 내린다. 우선 작품의 구조를 보자. 사실 행복을 나타내는 시로서의 의미는 2연의 3행이다. 풍부한 물질로 가늠할 수 없는 것, 내가 나를 다스릴 수 있는 마음의 파랑새, 이것이 행복이다.

『파랑새(The Blue Bird)』는 본래 벨기에 시인이며 극작가로서 노벨문학상을 수상(1911)한 마터링크(Materlinke : 1862–1947)의 아동극 작품으로서 가공의 새 자체는 행복의 상징이며 그 행복은 먼 곳에 있는 것이 아니라 바로 우리의 건강한 신변에 있다는 것이 이 작품의 주제이다.

그러나 이규복 시인은 행복 자체의 의미보다 내가 나를 자유롭게 다스릴 수 있는 근원의 뿌리를 중요시했고 그 뿌리에 자유의 씨앗이 매달려 있음을 상기하지 않을 수 없었을 것이다.

그래서 시인은 자유의 씨앗으로 얻은 행복에 겨워 '하늘에서 떨어졌나 / 땅에서 솟아났나 / 내가 얻은 행복 / 그렇게도 좋구나' 라고 외침같은 시구를 앞세웠을 것이다. 그리고는 불특정의 다수를 향해 달아나지 않게 그대로 놔두고 가만 두라고 명령하듯 이 시를 그려냈을 것이다. 짤막한 한 편의 시 속에서 감탄과

서술과 상징과 명령의 기법을 자유롭게 볼 수 있다는 것은 자유를 사랑하고 만끽하는 시인 덕분인 것이다.

비가 오면 오는 대로
눈이 오면 오는 대로
좋아요 이대로

해가 서쪽으로 기우네요
오늘이 가면 내일이 오지요

지구는 자전을 계속하지요
그러기에 해가 기울었다 떴다 하지요

해가 떠서 가고
달이 떠서 가고
좋아요 이대로

－「이대로」 전문

이 시를 읽고 나면 독자마다 조금 쯤 이상한 생각이 떠오를지도 모른다. 이렇게라면 나도 쓸 수 있을 것이다. 이렇게 써도 시가 될 수 있는 것인가, 여기에 설명을 붙인다면 필요없는 군더더기가 될 것이다,… 등등.

그러나 솔직히 말해서 시는 쉽게 쓰는 것이 더 어렵다. 요즘의 웬만한 시인은 그래서 쉽게 쓰지를 못한다. 쉽게 쓰면서 많은 독자가 공감할 수 있도록 한다면 얼마나 좋을까마는 그렇지 못한 것도 현대 시인들의 반성의 한 부분이 될 것이다.

경종이라도 울리듯, 이규복 시인은 참 자유롭게, 부담없이 시를 쓰는 시인이란 생각이 든다. 그렇다고 할 이야기가 없는 것이 아니다. 이 시에서도 자연의 순리 수용, 자전(自轉)적으로 운행하는 생활의 자세, 욕심 다 비운 유유자적의 여유, 이러한 주제의식을 쉽게 그리고 충분히 읽어낼 수 있을 것이다. 역시 자유를 누리는 생활 철학이 몸에 배어있기 때문일 것이다.

Ⅱ

호락질은 고달프고
능률이 안오른대요
백지장도 마주 들면
가볍다고 하데요
오늘은 내집 일 하고
내일은 네집 일 하고
삶의 물레 돌리며
달덩이도 뜨겁네요

– 「품앗이」 전문

시인이 살던 농촌으로 잠시 머리를 돌려보자. 지금은 수십년째 서울에 살고 있어도 고향의 농사일은 꼭 옛 일만은 아닐 것이다. 기억이나 추억 속에 살아있다 해도 그 기억이나 추억은 현재를 운용하는 변수로 작용할 수 있고 현실의 삶을 더 기름지게 할 수 있는 정신의 윤활유로 활용될 수 있기 때문이다.

품앗이는 주로 농촌에서, 힘드는 일을 거들어주며 서로 품(힘, 수고, 노력)을 지고 갚고 하는 일이며 호락질은 남의 힘을 빌지 않고 혼자 힘으로 농사짓는 일이다. 협동의 근원인 이 품앗이가 고달픈 호락질 보다 큰 힘으로 작용된다는 것은 지극히 일반화 된 것이다. 물레를 돌려 실을 감 듯 이 품앗이로 삶의 궤적을 챙기다보면 일한 만큼 달덩이도 뜨겁다는 것을 느낄 수 있을 것이다. 힘들고 벅찬 옛 경험의 농사일을 삶의 물레나 달덩이의 뜨거움으로 환치하는 시적 기능은 누구든지 쉽게 이룰 수 있는 그런 것은 결코 아닌 것이다.

"농사짓는 것이야 누군들 못하리"
이렇게 말한 것이 엊그제 인데
지금은 다릅니다
농사도 기술입니다

소나 돼지를 키우고
닭을 키워도

컴퓨터가 동원되고
원예농사도 진일보 했습니다

트랙터를 다루고
콤바인을 다루는
그런 시대가 되었습니다
변화는 무식을 넘어
지식을 또 넘을 것입니다

– 「농사」 전문

이 시를 읽으면서 이러한 생각을 해 본다. 농사는 시골 사람이 지었다. 시골 사람은 농사만 지었다. 시골 사람은 배움이 없거나 부족했다. 그래서일까, 무식자 취급을 당했다. 그러나 잘 먹고 잘 사는 날을 기다렸다. 세상 뒤집히는 날을 기대했다. 기다리다 지치고 기대하다 무너져 도시로 서울로 도망치듯 빠져나가기도 했다. 너도 나도 줄을 이었다… 어쩌면 소설같은 현실, 그런 생각 말이다.

그래도 농촌은 변했다. 농사짓는 일에 컴퓨터가 동원되고 기계화 농업의 상징인 트랙터나 콤바인의 소리가 벌판을 누비고 있다. 변화는 무식을 넘었다. 지식을 또 넘을 것이다. 그러나 지식을 넘어 어디로 갈 것인가? 여운을 남긴다.

그 세계를 점치는 것은 독자의 몫이지만 그러나 시인이 유추

하는 세계는 아마도 희망의 세계로 전진하는 기대감으로 용해되어 있을 것이다. 지혜, 인간, 휴머니즘 등을 대입해보는 것은 희망의 품안을 그리워하는 까닭일 것이다. 농촌의 정서를 희망의 세계에 펼쳐놓는 시인의 작업은 언제나 바람직한 일이 아닐 수 없다.

Ⅲ

이규복 시인의 시세계를 다시 일별해 보았다. 런던의 하이드 파크, 스피커스 코너에서 찾은 자유사상을 중심으로 농촌 정서와 희망의 세계를 잇는 순수의 시심을 살펴보았다. 그러나 국내는 물론 세계일주 여행가로서의 편력을 지니고 있는 이규복 시인은 새의 날개 되어 찾은 시쓰기의 행복을 누리고 있는 시인이란 점을 더 강조하고 싶다.

이 시집에서도 앞에 언급한 「자유」를 비롯해서 「안데스산맥」 「토네이도」 「동포」 「강원도」연작 15편 등 많은 작품들에서 그 근거를 찾아볼 수 있다. 물론 「달구경」 「순이 생각」 「산 넘어 남촌」 「순이의 미소」 「쌍그네」 「어부의 노래」등 상징적으로 등장하는 순이와의 사랑노래도 서정의 원형질이 되고 있음을 주목할 수 있다. 또한 「울」 「약속」 「맞바람」 「풀뿌리 민주주의」 「개」 「청개구리」 「명품」등 많은 작품에서 사회풍자의 내면을 살필 수 있다는 것도 간과할 수 없을 것이다.

노년의 인생 연륜, 그 가슴속에서 풀어내는 자유롭고 소박한 시심은 행복한 세상으로 계속 펼쳐질 것이다. 시와 더불어 오래 건강하시고 평안하시길 빈다.